AF310758

QUESTIONS DE DROIT MARITIME

LE SAUVETAGE & L'ASSISTANCE

PAR

ALFRED DE COURCY

Administrateur de la Compagnie d'Assurances générales.

PARIS

LIBRAIRIE COTILLON

F. PICHON, SUCCESSEUR, IMPRIMEUR-ÉDITEUR,

Libraire du Conseil d'État et de la Société de législation comparée

24, RUE SOUFFLOT, 24.

1884

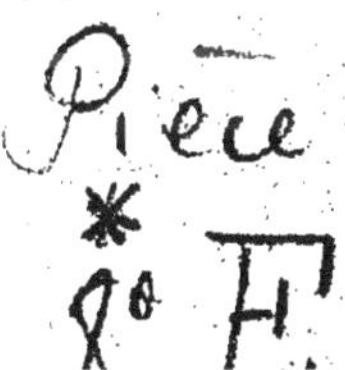

QUESTIONS DE DROIT MARITIME

LE SAUVETAGE & L'ASSISTANCE

QUESTIONS DE DROIT MARITIME

LE SAUVETAGE & L'ASSISTANCE

PAR

ALFRED DE COURCY

Administrateur de la Compagnie d'Assurances générales.

PARIS

LIBRAIRIE COTILLON

F. PICHON, SUCCESSEUR, IMPRIMEUR-ÉDITEUR,

Libraire du Conseil d'Etat et de la Société de législation comparée

24, RUE SOUFFLOT, 24.

—

1884

LE SAUVETAGE & L'ASSISTANCE

Le mot de sauvetage est certainement un des plus usuels de la langue maritime. Il est familier à tous les navigateurs, et, indépendamment des navigateurs, à toutes les personnes dont les intérêts sont liés aux choses maritimes. Le sauvetage donne lieu à de très nombreux litiges. Je trouve curieux de faire la remarque que l'idée de sauvetage semble n'avoir pas été présente à l'esprit du législateur. Dans tout le livre 11 du Code de commerce, le mot même n'apparaît qu'une seule fois, incidemment employé par l'article 424 à l'occasion du jet. « Les effets sauvés con-« tribuent au jet sur le pied de leur valeur en « l'état où ils se trouvent, déduction faite *des* « *frais de sauvetage*. » Il s'agit là, comme dans d'autres dispositions du Code qui ont parlé de marchandises sauvées ou recouvrées, notamment dans l'article 386, de véritables épaves, recueillies après le naufrage ou la

submersion. C'est une idée absolument diffé-
rente de celle qui s'attache à une mesure de
salut, à une assistance extérieure qui sauve
le navire lui-même et prévient le naufrage.
Or, cette assistance extérieure est précisément le cas très fréquent que je veux exami-
ner, et j'ai le droit de dire que le législateur
français ne l'a pas prévu.

Il existe bien, en dehors du Code de commerce, une disposition de l'Ordonnance de la
marine de 1681 qui est universellement con-
sidérée comme demeurée en vigueur, et qui
attribue aux sauveteurs des effets *trouvés en
pleine mer ou tirés de son fond* le tiers de
la valeur des effets recouvrés. Ceci est la
trouvaille fortuite et n'est pas du tout l'assistance. C'est quelque chose d'analogue au trésor, avec cette différence considérable toute-
fois que, selon la définition de l'article 716 du
Code civil, le trésor est la chose trouvée sur
laquelle personne ne peut justifier sa propriété. C'est donc encore complétement étranger à l'objet de l'étude que j'entreprends.

L'assistance réciproque des navigateurs
entre eux est un devoir de l'humanité et une
sorte de loi du droit naturel. Le marin qui
manque à cette loi, pouvant l'accomplir,

se déshonore. Elle n'est écrite nulle part. Ce
que l'article 212 du Code civil dit assez inu-
tilement des époux, qu'ils se doivent mutuel-
lement secours et assistance, pourrait se dire
des marins. Perdus sur l'immensité des mers,
exposés à mille périls, ils se doivent secours
les uns aux autres.

L'exercice de ce devoir n'est pas toujours
lui-même sans périls. De là bien des actes
individuels d'héroïsme. De là aussi, pour le
chef qui ordonne et qui a la responsabilité
du commandement, bien des perplexités de
l'honneur et de la conscience. Jusqu'à quel
point est-il permis d'exposer la vie des
hommes pour tenter de sauver d'autres
hommes ou de sauver des propriétés? Question d'appréciation, et aussi question d'élan.
Le capitaine hésitera souvent entre l'impul-
sion du cœur et la prudence, laquelle peut
être aussi un devoir.

Je trouve, dans mes papiers de famille,
une anecdote qui m'a vivement frappé par
son caractère dramatique et chevaleresque.
Je demande la permission de la reproduire
simplement. Rien ne montre mieux ce que
peuvent être ces responsabilités, ces perplexités du commandement.

Mon père, alors presque enfant, était garde de la marine, ce que l'on appelle aujourd'hui un aspirant. Il était embarqué sur une frégate que commandait son oncle maternel, M. de Kersaint. La frégate ramenait de l'Inde un corps de troupes irlandaises au service de la France. Peu après qu'elle eut dépassé Sainte-Hélène, par un gros temps, le cri sinistre *un homme à la mer* retentit à bord. C'était un soldat irlandais qui avait été enlevé. On lui lance à la hâte une bouée, on voit qu'il la saisit, qu'il s'y cramponne, qu'il se débat contre la mort, à la cîme ou dans le creux des vagues. Il pourrait être sauvé! Mais il faudrait arrêter la marche de la frégate, il faudrait mettre une embarcation à la mer, et la mer est en furie.

Le commandant est sur le pont, silencieux, mesurant le danger. L'équipage, silencieux aussi, anxieux, attend des ordres. Tout à coup, l'inspiration d'humanité l'emporte. « Mon canot à la mer, crie le commandant, « six hommes de bonne volonté, avec mon « patron et mon neveu. »

A ces mots, tous les hommes se présentent. Tous sont de bonne volonté, c'est un élan général d'humanité, pour tâcher de sauver un soldat obscur et inconnu. Le commandant ne pouvant choisir désigne ses canotiers ordinaires. Ici mon père, qui trace ce récit, avoue un instant de faiblesse, en demandant pardon pour son jeune âge, « Je « ne suis pas de service », dit-il. — « N'im- « porte, répond sévèrement M. de Kersaint, « c'est une corvée d'honneur. » Et l'enfant, rougissant, entraîné par ce mot prestigieux d'honneur, se précipite dans le canot.

Suivent les péripéties du sauvetage, qui fut périlleux et difficile. L'homme, serrant de ses mains crispées les cordes de la bouée, avait perdu connaissance et ne pouvait pas s'aider. Le canot se brisa en accostant la frégate. Il n'y eut pas cependant de victimes. L'enfant, radieux, courut au commandant qui lui tendait les bras. « Ah, dit M. de « Kersaint subitement attendri, je ne pen- « sais pas à ta mère! »

Je ne crois pas que mes préventions de famille m'égarent. Il y a là une suite de scènes d'une vraie noblesse et d'une imposante grandeur morale. Mais il aurait fallu plaindre le commandant, si les hommes qu'il envoyait à la corvée d'honneur n'étaient pas revenus, s'il n'avait pas ramené l'enfant à sa mère.

Sur le littoral, les actes spontanés du dévouement se portant au secours des naufragés sont très fréquents. Nous avons une admirable institution, la Société centrale de
Sauvetage des naufragés, qui a en quelque
sorte réglementé l'héroïsme. Elle n'a pas
fondé moins de soixante cinq stations où sont
disposées des embarcations spéciales qu'on
s'est efforcé de rendre insubmersibles. Les
équipages sont enrôlés d'avance, prêts à se
rendre intrépidement à tout signal de détresse. On leur doit chaque année le salut de
bien des hommes. Il y a en outre des institutions locales similaires, à Boulogne et à Ca-
lais. Au Havre, c'est la Chambre de Commerce
qui a voulu placer dans ses attributions la
mission de secourir les naufragés. On sait
trop si c'est une mission périlleuse! Le 26
mars 1882, un ouragan d'une extrême violence sévissait sur la rade du Havre, une
barque de pêche était en détresse, un des
canots de sauvetage, monté par onze hommes,
s'élançait aussitôt dans la tourmente, sous les
yeux de la population vivement excitée. Tout
à coup, il y eut dans la foule un cri de su-
prême angoisse. Broyé par les vagues, le canot avait chaviré. Un second canot de réserve

se tenait prêt, tout armé. Le patron Leblanc, que je me plais à nommer, se leva calme et grave pour donner l'ordre du départ. « En avant les enfants ! » dit-il simplement. Les hommes obéirent en silence. Pas un n'hésita, ce fut un instant sublime.

Leur dévouement devait être inutile. Leurs onze camarades avaient eu le même linceul que les pêcheurs qu'ils voulaient arracher à la mort. La ville du Havre a fait aux sauveteurs de magnifiques funérailles qui ont été un spectacle grandiose, et un service anniversaire perpétue le souvenir de la catastrophe.

Les institutions dont je parle ne se proposent que le sauvetage *des hommes*. On n'a pas encore vu, on le verra peut-être quelque jour, prétendre à un droit de rémunération pécuniaire pour l'accomplissement d'un acte d'humanité. Ce serait un assez curieux procès que celui qui serait intenté par un sauveteur à la personne dont il aurait préservé la vie. On n'a pas à l'attendre d'institutions de bienfaisance. Même quand il leur arrive, incidemment, par l'opportunité du secours apporté à un équipage en détresse, de sauver le navire et la cargaison, elles s'interdisent

d'exiger des rémunérations. Tout est désin-
téressé, tout est généreux dans le but de leur
fondation.

Mais ce que ne font pas des institutions, des
individus le font sans cesse. Il y a plus d'une
ombre au tableau des vertus des marins. Les
navigateurs sont des hommes et n'échappent
pas plus que ceux des autres professions aux
contrastes des deux mémorables chapitres de
Pascal : grandeur de l'homme ! misère de
l'homme !

À côté, ou plutôt bien au-dessous de l'héroïsme du sauvetage, il y a donc l'*industrie*
du sauvetage. C'est une industrie qui, conte-
nue dans de sages limites de modération, peut
être respectable et est très utile; qui, dans
ses abus, a souvent mérité d'être flétrie de
noms sévères, du nom de cupidité tout au
moins, sinon de ceux d'exaction, de rapine et
de pillage. Ici nous descendons des régions
élevées du sentiment, nous rencontrons l'âpre
convoitise et des litiges qui appellent l'inter-
vention de la justice.

On sait quelle a été, à une autre époque, la
férocité des mœurs des riverains à l'égard de
la propriété naufragée et à l'égard des naufragés eux-mêmes. Le navire que la tem-

pête poussait à la côte était une proie, ou
une manne envoyée par la Providence. Je
trouve à cette férocité, non pas certes une jus-
tification, mais une sorte d'excuse historique.
Les populations du littoral avaient été si souvent pillées, ravagées par des hordes de dépré-
dateurs qui suivaient les routes de la mer! Au
nord, les incursions des Scandinaves, des Normands, des Anglais, au midi celles des Barba-
resques, brûlant les maisons, enlevant le butin et, comme part de butin, les femmes. Toute
voile qui apparaissait à l'horizon était suspecte
d'être la voile d'un ennemi ou d'un pirate,
les riverains s'enfuyaient épouvantés, se ca-
chaient dans les forêts et les montagnes.

La bonne aubaine d'un naufrage était pour
eux une occasion bien tentante de vengeance
et de représailles. Ils rendaient férocité pour
férocité, ne s'avisant pas trop de distinguer les
pavillons. Ils pillaient les navigateurs, ayant
été pillés par des navigateurs. La fiscalité des
seigneurs qui étaient les gouvernements lo-
caux, — et quel gouvernement n'est pas
fiscal? — voulait à son tour voir là une ma-
tière imposable et certaines coutumes ont
prostitué le nom de droit jusqu'à régler le
droit de bris. Si l'on se récrie contre tant de

barbarie, je me récrierai autant que personne; seulement je citerai des pays de l'Europe où existe encore ce genre de fiscalité.

J'avais donné ailleurs cette explication de la barbarie des mœurs, avant d'avoir lu ce qu'en dit Valin. Je suis bien aise de me rencontrer avec le célèbre et judicieux commentateur de l'Ordonnance de 1681. Il fait même remonter à l'antiquité la plus reculée la cause des sauvages coutumes des riverains. « Dans les premiers temps, écrit-il, la navigation n'avait pas le commerce pour objet..... Les premiers navigateurs, faisant le métier de pirates et ravageurs des côtes, armèrent les nations contre eux pour se défendre de leurs déprédations; ensuite la prévention les faisant regarder tous comme animés du même esprit, on crut devoir les sacrifier à la sûreté publique en les traitant indistinctement comme ennemis. Que les anciens Gaulois aient pratiqué cet usage odieux et détestable, cela est hors de doute, mais c'est mal à propos qu'on leur en fait un crime personnel et particulier; ils ne faisaient en cela que suivre l'exemple des autres peuples. On en peut juger par le grand nombre de lois romaines portées en vue d'abolir cette exécrable coutume. Il n'en aurait

pas tant fallu s'il n'eût été question que des
Gaulois..... Ce malheureux préjugé ne pouvait encore que se justifier par les fréquentes
incursions des différents peuples du Nord,
connus en général sous le nom de Normands
et de Saxons, et par les horreurs qui laissaient
partout des traces de leurs passages. »

Assurément, c'est un consolant témoignage
du progrès des mœurs que de voir, là où
étaient les embuscades meurtrières, des pha-
res, des postes et des engins de sauvetage,
des canots où s'élancent intrépidement, pour
se porter au secours des naufragés, les des-
cendants des anciens pillards.

Il est d'un haut intérêt de suivre, à l'aide
de l'érudition de Valin, le progrès des mœurs
dans le Droit, en ce qui concerne *la propriété*
des choses naufragées comme la sécurité des
personnes. Il y a des inspirations mêlées,
alternatives, d'humanité, de fiscalité, de respect de la propriété. Il y a des édits des empereurs romains et des empereurs d'Orient,
puis des princes et des rois; il y a des coutumes; des répressions sévères jusqu'à la
cruauté, des anathèmes de Conciles. Un article
des Jugements d'Oléron, attribués à Éléonore
de Guyenne, exprime avec une sauvage éner-

gie l'horreur que mérite un attentat contre la vie des naufragés. Les coupables seront « mis « en la mer et plongés tant ils soient à demi- « morts, et puis les retirer dehors et les lapi- « der ou les assommer comme on ferait les « loups ou les chiens enragés. » Si le coupable est le seigneur du lieu, « il doit être lié au « milieu de sa maison, et puis on doit mettre « le feu aux quatre cornières de sa maison, « et faire tout brûler, et les pierres de sa « maison jetées à terre, et là faire place pu- « blique et le marché pour vendre les pour- « ceaux à jamais perpétuellement. » Bien des lois postérieures attestent que celle-là n'avait eu qu'une médiocre efficacité. Il a fallu des siècles avant d'établir dans la conscience, imbue de préjugés séculaires, des populations du littoral ces deux points de morale si élémentaire, qu'un attentat contre la vie des naufragés est un assassinat, et qu'un attentat contre leur propriété est un vol.

« Il était réservé à Louis XIV, dit Valin, de mettre la main à ce grand ouvrage, et il fallait que le respect qu'on ne pouvait refuser à l'équité de ses lois en général et la crainte d'encourir son indignation achevassent ce que les seules lumières naturelles et

la voix de la justice auraient dû pleinement
opérer et qu'elles n'avaient pu néanmoins
que faiblement ébaucher. »

C'est en effet une des gloires de l'Ordonnance de 1681 d'avoir mis en éclatante lu-
mière, avec une autorité décisive, ces vérités
élémentaires. L'art. 1ᵉʳ du titre IX, *des Naufrages*, est conçu en ces termes :

« Déclarons que nous avons mis et mettons
« sous notre protection et sauvegarde les
« vaisseaux, leur équipage et chargement
« qui auront été jetés par la tempête sur les
« côtes de notre royaume ou qui autrement
« y auront échoué, et généralement tout ce
« qui sera échappé du naufrage. »

Ici l'enthousiasme de Valin s'exalte. « Il y
a là, dit-il, un air de grandeur, de noblesse
et d'autorité, qui rend encore plus respectable le motif de la loi. Le pillage dans les
naufrages n'est pas défendu simplement
comme une injustice, comme un vol, comme
un crime qui rompt les liens de correspon-
dance que la Providence a voulu établir entre
les hommes. Il l'est encore comme un acte
qui mérite la qualification de crime de lèse-
majesté, puisque le coupable s'approprie, au
mépris de la puissance publique, ce que le

souverain a mis spécialement sous sa protection et sauve-garde. »

Je ne suis pas très persuadé de ce que cette considération de lèse-majesté ajouterait de nos jours au prestige de la loi. Je suis cependant de l'avis de Valin. Oui, dans cette déclaration de l'art. 1er, il y a un air de grandeur et de noblesse.

Les articles suivants sont dignes de ce début. Le secours aux personnes en danger de faire naufrage est recommandé comme un devoir. Quel renversement du barbare préjugé séculaire ! Les ennemis, les pirates même ne sont pas exceptés de la protection de l'humanité. Les officiers de l'Amirauté sont expressément chargés de donner leurs soins au recouvrement des choses, de les emmaganiser en lieu sûr, de les sécher si elles sont mouillées, de les vendre en cas d'urgence, pour tenir les choses mêmes, ou leur produit, à la disposition des intéressés qui justifieront de leurs droits. Ils dresseront procès-verbal de l'état du navire, ils feront inventaire des marchandises, ils peuvent requérir tous voituriers, charretiers et mariniers, ils peuvent requérir l'assistance de la force armée. Depuis la suppression de l'Ami-

rauté, la mission de ces officiers a été confiée
aux commissaires de l'inscription maritime,
qui l'exercent avec un admirable dévouement, et sont sur tout notre littoral les vigi-
lants officiers du sauvetage. Et cela, sans
aucune gêne, aucune usurpation des droits
de la propriété. Dès que les intéressés se présentent, demandant à mettre eux-mêmes
ordre à leurs affaires, il est enjoint aux offi·
ciers de se retirer, pour leur laisser *la liberté d'y pourvoir*. Tout est judicieux, tout
est protecteur, et je partage l'enthousiasme
de Valin pour ce magnifique ensemble de
dispositions de l'Ordonnance de Colbert.

Une seule chose m'étonne. L'Ordonnance,
si attentive, ne dit pas un mot, non plus que
le livre II du Code de commerce, de la question que je viens traiter, des droits que
peut conférer, sur le navire et les marchandises, l'assistance extérieure qui aura pré-
venu le naufrage, de ce qu'on appelle, par
un mot qui manque d'exactitude, *l'indemnité* de sauvetage. Je dis que le mot n'est pas
exact. S'il ne s'agissait, en effet, que d'une
indemnité, les principes du droit commun
suffiraient amplement. Il est bien clair que
les salaires des services rendus, les frais faits

pour le salut de la chose sont dus et privilégiés sur la chose. Mais il s'agit de plus qu'une indemnité, il s'agit d'une prétention à un lucre, à une rémunération extraordinaire du service rendu, proportionnée à la valeur de la chose sauvée, et sur ce point l'Ordonnance est muette.

C'est incontestablement une lacune, dont Valin ne semble pas s'être aperçu et que les rédacteurs du Code de commerce n'ont pas songé davantage à combler.

Le législateur français n'a donc pas prévu l'assistance du navire en péril. Peut-être, s'il y avait pensé, n'aurait-il pas moins gardé le silence. Peut-être aurait-il jugé que, selon les principes, un acte spontané, dicté par le devoir ou par un sentiment généreux, ne confère aucun droit à une rémunération. Nous lisons encore périodiquement au *Journal officiel* la longue nomenclature, très glorieuse pour l'humanité, d'actes de dévouement accomplis. Ils sont récompensés par des décorations, des médailles, des témoignages officiels de satisfaction. Il n'est pas question de récompenses pécuniaires.

Il convient d'ailleurs de rappeler qu'au temps de la marine à voiles, les faits d'assistance en mer étaient beaucoup plus rares qu'aujourd'hui, sinon dans le voisinage de certaines côtes. C'est le bâtiment à vapeur qui est le véritable instrument de salut du navire en détresse. Il le remorque, le dirige, le conduit dans un port, lorsqu'il le rencontre désemparé, démâté, ayant perdu son gouvernail ou son propulseur et incapable de se gouverner lui-même. En cas d'échouement, il l'arrache aux écueils ou aux bancs de sable, il le remet à flot, il le sauve en réalité d'un péril imminent. Souvent il a ainsi préservé des valeurs très considérables. Le capitaine qui, par son assistance opportune, aura rendu ce service signalé n'aura-t-il droit, pour lui ou son armement, qu'au remboursement de ses frais et à des remercîments? Se contentera-t-il du témoignage satisfait de sa conscience, même avec l'addition d'une médaille?

Franchement, ce ne serait pas assez et ce ne serait pas l'intérêt général de la navigation. Quand l'assistance est si précieuse, il est bon qu'elle soit sollicitée, stimulée par l'intérêt, sans quoi elle pourrait bien être paresseuse. Et puis, ce ne serait pas juste, car l'assistance expose parfois l'assistant à de graves dangers. Il y a des risques. En s'approchant des écueils pour remettre à flot le navire échoué, le bâtiment à vapeur risque de s'échouer et de se briser lui-même.

J'ai parlé des perplexités, de la responsabilité du commandement lorsqu'il faut risquer des vies humaines afin de tenter de sauver d'autres vies. Il y aura aussi bien des perplexités, lorsqu'il faudra risquer une propriété afin de tenter d'en sauver une autre. L'intérêt n'est pas de trop pour déterminer les efforts de l'assistance.

A l'occasion de ces risques et de la responsabilité du commandement, une question incidente, qui se rattache bien à mon sujet, se présente à mon esprit.

Le bâtiment à vapeur est, d'ordinaire, assuré. Quand le cas n'est pas prévu par la police, lui est-il permis de se livrer à des opérations périlleuses de sauvetage? S'il périssait dans l'opération, les assureurs n'opposeraient-ils pas qu'on a dénaturé, aggravé les risques en substituant, aux risques de la navigation, ceux du sauvetage? Et quelle serait la décision des tribunaux? Le capitaine est certainement excusable d'avoir ce souci, pour sa responsabilité.

Mon opinion est qu'il y aurait lieu de distinguer, d'apprécier, suivant les circonstances. Point de doute dans une entreprise d'humanité. Quels que fussent les dangers courus pour sauver un équipage, les tribunaux n'hésiteraient pas, ou plutôt je pense qu'aucun assureur ne soulèverait l'objection. Mais pour une entreprise de lucre et de spéculation, alors que les assureurs ne doivent avoir aucune part au lucre, il pourrait certainement être jugé qu'on n'aurait pas le droit d'exposer, de dessein prémédité, le bâtiment assuré à des dangers extraordinaires, en l'affectant à des opérations de sauvetage.

Ces litiges ont été prévenus par les assureurs français, lesquels, dans un intérêt général qui se trouvera souvent le leur, ont permis aux bâtiments à vapeur tous les remorquages et les sauvetages. Quant aux navires à voiles, les assureurs n'ont pas plus pensé à la question que les rédacteurs de l'Ordonnance de 1681.

Et pourtant il y avait, aux approches du littoral, des exemples encore assez fréquents d'assistance, d'ordinaire de la part de petites barques de pêcheurs et de pilotes. En France, il était d'usage d'y mettre du désintéressement et une sorte de chevalerie. On se contentait d'un modique salaire, et les pilotes notamment n'auraient rien réclamé au delà de leurs tarifs. Aussi, avant les bateaux à vapeur, la jurisprudence était presque aussi muette que la loi. On voyait très peu de litiges. C'était bien autre chose sur les côtes anglaises! Là, une nuée de barques se livraient au métier d'assister les navires en détresse. On les appelait d'un nom expressif, *wreckers*, les naufrageurs, et certes les assistés étaient dispensés à leur égard de la reconnaissance. Malheur au navire, au navire étranger surtout qui acceptait leurs services! Il était aussitôt conduit dans un port anglais. Les naufrageurs se seraient bien gardés, quelle que fût la direction du vent, de le conduire en France. Au port, il était immédiatement saisi, enveloppé d'une autre nuée de *wreckers*, commissionnaires et hommes de loi, s'abattant sans danger sur la proie. Les sauveteurs réclamaient pour leur peine 40, 50, 60 pour cent de la valeur du navire et de la cargaison. Leurs auxiliaires avaient bientôt fait de prendre le surplus, c'était la réalisation de la fable de l'huître et les plaideurs. Tout avait été sauvé, mais tout était perdu.

Le capitaine entouré de tant de sauveurs s'en retournait chez lui penaud, dépouillé, et non pas sur son navire.

Souvent, les sauveurs imposaient violemment leurs services, sautant à bord du navire égaré dans sa route, sans y être appelés. Parfois le capitaine, sachant le sort qu'ils lui réservaient, avait l'énergie de les repousser le pistolet au poing. Il préférait se sauver tout seul, au risque d'être jeté à la côte, le résultat final, s'il faisait naufrage, devant être le même pour les intérêts qui lui étaient confiés, et qu'il avait au moins la chance de préserver en se défendant de l'obsession des sauveurs. Un certain nombre de petits ports anglais ne vivaient que de ces rapines.

Il y a dans l'archipel des Bahamas une possession anglaise du nom de New-Providence, dont la capitale est Nassau. C'était le modèle du genre. Ce qu'on appelle le canal des Bahamas s'étend là et est le passage de la plupart des navires à voiles qui viennent d'Haïti, de Cuba et du golfe du Mexique. Les *weckers* de ces parages, pêcheurs d'éponges pour la partie honnête de leur profession, éponges eux-mêmes, prêts à boire toute la substance des cargaisons, guettaient, harce-

laient, poursuivaient les navires, pour les
sauver et les conduire à Nassau. Quand le
temps était calme, ils ne se gênaient pas pour
envahir le navire et des négociations s'enga-
geaient avec le capitaine. On lui promettait
de partager s'il voulait bien se laisser douce-
ment échouer sans danger sur une plage de
sable, puis sauver et conduire à Nassau, où
les gens de loi et la Cour feraient le reste. Le
capitaine n'avait pas toujours l'oreille fermée
au tentateur. Lorsque les intéressés appre-
naient en Europe qu'un navire avait été *secouru*, ils ne doutaient pas du résultat. Ils sa-
vaient que l'huître serait grugée.

Voilà, pour faire contraste au dévouement
de certains sauveteurs, ce qu'ont été certains
autres, peu différents des pirates, si ce n'est
en ceci, que les flibustiers du sauvetage ne
risquaient pas d'être pendus au bout d'une
vergue. Tout se passait civilement, dans les
règles, avec un formalisme parfaitement cor-
rect. Parfois le sauveur et le sauvé trin-
quaient ensemble, se serraient cordialement
la main et se promettaient de se revoir, prêts
à recommencer.

Ces pratiques se sont améliorées en Angle-
terre, et même à Nassau. Il y a plus de mo-

dération, plus de justice dans les Cours
d'amirauté, et les intéressés peuvent un peu
mieux se défendre. Néanmoins, il n'est pas
encore sain d'être secouru par ces héros
empressés.

D'ailleurs, à mesure que la navigation à
vapeur se substitue à la marine à voiles, la
proie se fait plus rare. L'industrie du secours
a pris un caractère nouveau. Voici ce qui se
produit communément. Je néglige l'hypothèse, très rare dans la navigation à vapeur,
de la collusion criminelle entre le sauveur et
le sauvé.

Un bâtiment à vapeur éprouve une avarie
grave dans son mécanisme, brise son arbre
de couche, perd son hélice, ou il est échoué
sur un banc. De quoi a-t-il besoin ? Essentiel-
lement d'un autre bâtiment à vapeur qui lui
donne la remorque. Tous les pêcheurs d'é-
ponges ou de harengs ne lui seraient pas d'un
grand secours. Il fait la rencontre opportune
d'un confrère et lui demande assistance. Le
confrère se fait prier, marchande, stipule une
grosse somme, d'autres fois se réserve d'en
réclamer une plus forte en se posant en sauveteur. Le capitaine, dans le besoin, n'a pas
les moyens de résister. Il accepte ou pro-

met tout, ou bien il déclare que la justice décidera.

Hé ! mon ami, tire-moi du danger,
Tu feras après ta harangue.

Bref, le secours est donné, l'opération réussit, le bâtiment assisté est relevé, ou remorqué dans un port sûr.

Quels sont les droits de l'assistant ? C'est le cas de se demander d'abord, si, dans le silence de la loi française, il a des droits quelconques à une rémunération au delà du remboursement de ses frais. Les analogies du Droit civil établiraient qu'il n'en aurait aucun.

Sur terre, dans la vie civile, les secours apportés, les services rendus ne sont pas rares non plus. On n'a jamais vu, ainsi que je le disais tout à l'heure, qu'ils conférassent le droit à une récompense pécuniaire.

Le *negotiorum gestor* rend parfois des services signalés. Il est remarquable que le Code civil, au lieu de lui attribuer des droits, lui impose des devoirs. D'après l'article 1372, « Celui qui gère contracte l'engagement de « continuer la gestion qu'il a commencée et « de l'achever jusqu'à ce que le propriétaire

« soit en état d'y pourvoir lui-même. Il se
« soumet *à toutes les obligations* qui résul-
« teraient d'un mandat exprès. »

D'après l'article 1375, « Le maître dont
« l'affaire a été bien administrée doit remplir
« les engagements que le gérant a contractés
« en son nom, *l'indemniser*... et lui rem-
« bourser toutes *les dépenses* utiles ou né-
« cessaires qu'il a faites. »

Pas un mot du droit à une rémunération.

Nous lisons tous les jours qu'un honnête
cocher de fiacre ou un passant a rapporté au
propriétaire une bourse, un portefeuille, parfois des valeurs très précieuses. C'est un
immense service rendu et même une sorte
de sauvetage. Le propriétaire qui retrouve la
chose qu'il croyait perdue est plus ou moins
généreux, et quelquefois l'est fort peu. De
droit, il n'en existe aucun contre lui.

Les pompiers sont bien de véritables sauveteurs. On ne les a pas vus prétendre à un
droit de sauvetage. En France, à la vérité,
c'est un service public. Pourtant, dans les
incendies, il y a une foule de concours spontanés et improvisés. Les pompes et les travail-
leurs d'une usine, en dehors de tout service
public, se portent au secours d'une autre.

Jamais n'est élevée la prétention à une rémunération.

Il n'en est pas de même aux États-Unis, où il y a des associations mercantiles de pompiers dont les prétentions ne sont certes pas légères.

La loi française de droit commun est donc le désintéressement du secours. N'est-ce pas la raison du silence de la loi maritime? Et ne faut-il pas conclure de ce silence qu'il n'est dû non plus aucune récompense lucrative pour le secours apporté au navire en détresse, pour le renflouement ou le remorquage?

Je crois qu'au point de vue du légiste, il y aurait lieu de soutenir cette doctrine. Pourtant l'usage et la jurisprudence commerciale sont tout autres. Je répète que le désintéressement du secours serait trop chevaleresque, serait funeste aux intérêts généraux de la navigation, serait même souvent injuste, à cause des risques courus. C'est un de ces cas où, conformément à ma thèse, la jurisprudence, s'inspirant de considérations d'équité, supplée au silence de la loi.

Du moins la modération s'impose, et il convient de réprimer les excès de la cupidité.

Un premier point doit être et est en

réalité mis par la jurisprudence hors de dis-
cussion. S'il y a eu marché au moment du
péril, ce marché est nul. Le consentement
libre a manqué à la convention, le consentement a été extorqué par la violence et cette
violence, aux termes de l'article 1112 du
Code civil, était bien de nature à faire im-
pression sur une personne raisonnable. Non
pas que, lorsque la promesse n'est pas ex-
cessive, il ne soit sage et loyal de la tenir,
mais les tribunaux pourront apprécier qu'il
y a eu excès, et réduire l'obligation.

Le cas sera bien différent si, à la nouvelle
de l'événement, les intéressés, propriétaires
ou assureurs, ont traité *à terre* avec les armateurs d'un bâtiment à vapeur, avec une
compagnie de remorquage ou de sauvetage.
Alors certainement, la convention devra être
respectée. Le consentement libre ne lui a pas
manqué.

Un second point me paraît devoir être
établi. Puisqu'il y a une disposition légale
qui attribue aux sauveteurs *le tiers* de la valeur des effets *trouvés en pleine mer ou
tirés de son fond*, le droit conféré par la
simple assistance sera nécessairement inférieur à ce *tiers*. Il n'y a pas de trouvaille, il

n'y a eu aucun abandon de la propriété, sur laquelle n'a pas cessé de veiller le capitaine qui en avait la charge. Il serait manifestement illogique que dans ce cas, beaucoup plus favorable pour les propriétaires, ceux-ci eussent à subir un sacrifice plus grand ou même égal. Le *maximum* du droit d'assistance sera donc inférieur *au tiers de la valeur*, et il y a là, pour les tribunaux, une limite extrême.

Je raisonne toujours en dehors d'une libre convention. On voit des exemples où un sauvetage présente de telles difficultés, exige tant d'avances risquées, tant de frais d'apparaux, de plongeurs, de scaphandriers, etc., que les entrepreneurs stipulent des rémunérations bien supérieures au tiers de la valeur des effets recouvrés, des rémunérations de 50, de 60, de 80 0/0. Ceci n'est plus la trouvaille ni l'assistance, c'est la liberté des conventions.

La marge de l'extrême limite du tiers de la valeur peut être singulièrement large. Il y a des bâtiments à vapeur, qui avec leurs cargaisons, valent plusieurs millions. Ce serait un peu fort d'allouer un million ou deux, pour rémunération d'un remorquage de quel-

ques heures. On ne se gêne pas beaucoup, à
l'étranger, pour élever des prétentions de ce
genre. On sait d'ailleurs que le juge les ré-
duira d'ordinaire. De là l'exagération habi-
tuelle et parfois scandaleuse des demandes.
On a toujours soin de se poser en sauveteur,
afin de réclamer une rémunération *de sauvetage*.

Le juge français est absolument dépourvu
de règles pour se diriger. Il n'a que des précédents, et l'équitable appréciation du service
rendu. Il tâche de juger *ex bono et æquo*.
Je reconnais qu'il serait difficile de lui tracer
des règles précises. Les espèces sont si va-
riées ! Il y a tant de différence entre une assistance de quelques heures sans danger, et
des efforts persévérants qui auront bravé les
périls des écueils ou de la tempête ! Néanmoins une loi bien faite serait très utile, surtout si elle était concertée entre les principales
nations maritimes. Car tous les pavillons
sont solidaires, alternativement secourables
et secourus, et le désordre naît particulière-
ment de la diversité des coutumes.

Cette loi devrait s'attacher d'abord à poser
la distinction du sauvetage et de la simple
assistance, laquelle ne peut conférer un droit

à une part quelconque de la propriété secourue. Elle fixerait, pour le cas le plus favorable, la trouvaille de l'épave abandonnée, la limite du tiers de la valeur, ainsi que l'a fait l'Ordonnance de 1681. Il s'en faut bien que cette limite soit respectée dans d'autres pays.

A l'heure où j'écris, je tâche de défendre des intérêts français, menacés ou plutôt sacrifiés, en des circonstances où l'exaction a un caractère vraiment odieux. Un petit navire français qui était la seule propriété du capitaine, et qui n'était pas assuré, a chaviré dans la mer Baltique. Tout l'équipage a péri. Le capitaine a laissé une veuve entièrement ruinée, réduite à l'indigence et travaillant de ses mains pour vivre. Elle apprend que le navire encore flottant a été rencontré en mer et remorqué à Stockholm, où l'épave a produit 4.000 francs en vente publique. Ces 4.000 francs seraient aussi une épave bien précieuse pour la détresse de la pauvre veuve ! Or, sait-on ce que réclame le sauveteur ? 3.000 fr., ou les trois quarts de la valeur ! Il faut subir cette exigence ou il faut plaider, plaider en Suède, payer d'avance un avocat, au risque de ne recevoir jamais qu'une écaille de l'huître, et encore non pas sans dépens. Les choses se passent ainsi, non dans l'archipel des Bahamas, mais dans la capitale européenne d'un pays ami et civilisé. On conviendra qu'une loi qui préviendrait le scandale d'un pareil pillage ne serait pas inutile.

Quant à l'appréciation de la récompense due à l'assistance ou aux services rendus, la loi serait obligée de laisser beaucoup à l'arbitraire du juge. Elle fournirait quelques indications qui rendraient les disparates moins choquantes. A l'étranger, les allocations sont d'ordinaire excessives. En France, elles ont été quelquefois trop faibles.

Je vais paraître énoncer un paradoxe, sous une préoccupation professionnelle. Je ne suis cependant guère suspect d'être égaré par les préjugés de la profession, et j'oserai dire ce que je pense. Les meilleurs appréciateurs, les meilleurs arbitres on ces matières seraient les assureurs maritimes. Pourquoi? Ils ont l'expérience la plus complète des précédents, et ils ont l'intérêt permanent le plus manifeste à d'équitables rémunérations, qui, sans atteindre l'excès, soient assez larges pour stimuler l'empressement de l'assistance. Aussi le juge perplexe fera sagement de consulter des assureurs maritimes. Je ne lui de-

mande pas de consulter ceux qui seraient intéressés dans l'espèce.

Il se produit assez souvent des circonstances qui appellent, de la part du juge, une
modération exceptionnelle et où même la
question de récompense me paraît suscep-
tible de la solution doctrinale.

On sait que certaines compagnies de navigation possèdent un grand nombre de bâtiments à vapeur. Il en est notamment ainsi
des compagnies postales subventionnées et
d'autres sociétés se livrant à des transports
réguliers entre les mêmes points du monde.
Les navires partent à jour fixe des points ex-
trêmes, dans des directions contraires. Les
routes de la mer sont aujourd'hui si frayées
qu'ils se rencontrent et se saluent, comme
autrefois les courriers des malles-postes, sur
un point connu d'avance.

Il arrive donc assez fréquemment qu'un
navire qui a éprouvé en mer un accident est
assisté, secouru, remorqué par un autre navire de la même compagnie.

Que devient, dans ce cas, le droit à la récompense?

Je suis bien d'avis qu'il n'y a aucun droit.
Si le navire secouru était vide et n'était pas

assuré, la question ne naîtrait pas, faute d'intérêt. On ne se représente pas la procédure fantaisiste d'une compagnie contre sa propriété.

Mais il y a des chargeurs de marchandises, qui sont des tiers, et il peut y avoir des assureurs, qui sont d'autres tiers. A l'égard de ces tiers, on a donc prétendu aux mêmes rémunérations que si les deux navires n'avaient pas appartenu aux mêmes propriétaires. On a vu plus. On a vu le capitaine secourable imposer en mer le prix de son assistance, en ne rougissant pas de stipuler à son profit une récompense personnelle d'un chiffre élevé. Il a fallu se défendre et il a fallu plaider.

Mon opinion est qu'il n'y a pas plus de droit à récompense contre les tiers. Si l'on me presse, je rappellerai que le droit à la récompense d'un secours apporté n'est écrit nulle part. J'ai consenti à l'admettre, dans l'intérêt général de la navigation. Mais alors que deux capitaines, deux préposés de la même maison n'ont fait que remplir le devoir strict de s'entr'aider, comme deux charretiers s'entr'aident de leurs attelages pour gravir une côte ou s'arracher d'une ornière, le droit à la récompense ne peut plus se justifier.

Il est d'ailleurs à remarquer que les sociétés de navigation qui exploitent des lignes régulières savent bien faire valoir cette considération dans la négociation du fret et des assurances. Elles obtiennent des assureurs des primes de faveur, précisément parce que leurs lignes sont régulières, et l'une des raisons de la faveur est que leurs capitaines pourront s'entr'aider. C'est aussi une des raisons de la préférence des chargeurs. — Ne nous confondez pas, disent-elles sans cesse, avec ces aventuriers, ces enfants perdus, ces indisciplinés de la navigation qui sont nos concurrents, qui n'ont pas de protection, et pour qui tout accident deviendra grave. Chez nous, au contraire, les conséquences de l'accident sont circonscrites dans la mesure du possible.» Cela est vrai et doit rester vrai. Après avoir tenu ce langage, explicitement ou implicitement, elles sont donc très mal venues, lorsqu'un accident se produit, à vouloir en trafiquer et l'exploiter comme un simple navigateur d'aventure.

Je cite avec plaisir une très honorable société française d'armements, la Compagnie des Chargeurs Réunis, qui s'étant trouvée plusieurs fois dans le cas que j'ai décrit, d'un de ses paquebots secouru par un autre, a compris spontanément qu'elle devait s'interdire toute exigence vis-à-vis de ses assureurs et de sa clientèle. Elle a senti que, sur lechamp de bataille de la mer, il y a aussi une courtoisie, une fraternité d'armes qui ne se paie pas en argent. Apparemment, quand dans la mêlée un général en secourt et en dégage un autre, il ne lui présente pas le lendemain la demande d'une récompense pécuniaire. C'est en outre l'intérêt bien entendu d'une société, intérêt permanent de clientèle et de bonne renommée.

Toutes les sociétés d'armement ne sentent pas ainsi, et j'ai assisté à des exploitations scandaleuses du secours que plusieurs s'étaient porté à elle-mêmes. Il appartient aux tribunaux de les réprimer en déclarant qu'il n'y a pas de droit.

J'entends toujours parler d'une récompense, d'un lucre, non d'une indemnité. S'il y a eu préjudice éprouvé dans l'opération de l'assistance, je n'hésite pas à penser que les tiers dont les intérêts ont été protégés doivent contribuer à l'indemnité de ce préjudice. Ainsi on calculera la consommation du charbon, les

vivres et salaires de l'équipage et les autres
dommages du retardement, à plus forte raison
la rupture des remorques et les avaries souf-
fertes dans l'opération. Il sera bon que cette
appréciation soit assez large, il sera bon qu'on
y ajoute une gratification pour les hommes.
Le métier de marin est dur et mal rétribué.
Il convient, et il est prudent pour l'avenir, que
les intérêts préservés ne témoignent pas d'in-
gratitude. Tout cela est juste. Ce qui ne l'est
pas, c'est que les armateurs du navire qui a
subi un accident prétendent en retirer un
lucre en se posant en sauveteurs de leur propre navire. Pour comprendre à quel point
cette prétention est choquante, il faut se re-
présenter la récidive des événements, une société d'armement d'autant plus prospère
qu'elle aura éprouvé plus d'accidents de navigation, et distribuant en dividendes à ses
actionnaires les exactions arrachées chaque
fois à ses clients.

La distinction que j'ai faite à plusieurs
reprises entre l'indemnité et la récompense
soulève une question de droit strict que je ne
me souviens pas d'avoir jamais vu traiter. La
récompense de l'assistance aura-t-elle un pri-
vilège, et de quel ordre, sur la chose secourue?

Je rappelle qu'il n'y a rien dans la loi maritime. On peut parcourir l'énumération des privilèges de l'article 191 du Code de commerce, lesquels ne concernent d'ailleurs que les navires, on n'y découvrira pas la moindre indication. On ne trouve à citer que le 3e paragraphe de l'article 2102 du Code civil : « Les créances privilégiées sont..... *les frais faits pour la conservation de la chose.* » Or, encore une fois, la récompense n'est pas un remboursement *de frais*, et ce n'est certainement pas à la récompense qu'a songé le législateur du Code civil.

Comme il n'y a pas de principe de droit mieux établi que celui qui défend d'ajouter aux privilèges de la loi, je suis porté à croire que, si un litige se produisait, le créancier secourable ne serait privilégié que pour le remboursement *de ses frais*, et serait créancier ordinaire pour la part lucrative de l'allocation obtenue.

Je reviendrai sur une autre question non moins nouvelle. J'ai déjà dit quelques mots de l'hypothèse d'une prétention à récompense pour sauvetage des hommes. De nos jours, le transport par mer des personnes a pris une immense importance et est une des opérations les plus fructueuses de la navigation. C'est encore un des points sur lesquels le Code de commerce est muet. Il y a d'abord les entreprises d'émigration, qui sont des opérations commerciales d'un genre tout particulier. Ici les hommes isolés ne présentent pas de solvabilité, mais l'entreprise peut avoir une solvabilité considérable. Il y a, en outre, les passagers ordinaires, et souvent, parmi les passagers de première classe, des gens fort riches. Lorsque survient le fait très fréquent que j'ai décrit, d'une assistance opportune à un bâtiment en détresse, il est bien clair que le service le plus signalé est rendu aux hommes, surtout si le bâtiment est remorqué jusqu'à sa destination. Les passagers, peut-être affolés déjà, étaient en proie aux plus vives inquiétudes, exposés à des périls et à des privations. Ils pouvaient être bientôt rationnés et souffrir de la faim. Ils pouvaient être jetés sans ressources sur une plage ou dans un port de relâche. Pour eux, le secours est véritablement le salut, et ils ne disputeront pas sur le mot, ils se considéreront comme sauvés. Parfois, d'ailleurs, ils sont effectivement sauvés, recueillis sur le navire qui menace de s'engloutir, ou sur les embarcations où ils ont été dispersés.

Le capitaine secourable a-t-il un droit de sauvetage ou de récompense pour le service rendu aux hommes, comme il en a un pour les choses préservées?

Quant aux entreprises d'émigration qui sont des opérations commerciales, cela ne me paraît pas douteux, lorsque leurs intérêts ont été préservés. Elles devraient contribuer de même, au prorata de leur intérêt, à des sacrifices d'avaries communes. Quant à des passagers isolés, je n'ai jamais ouï dire que la question ait été soulevée. Elle pourra l'être. Si l'on admet, c'est un droit sinon écrit du moins reconnu par toutes les nations maritimes et conforme à l'intérêt général de la navigation, qu'une récompense est due pour les secours donnés aux choses, je n'aperçois pas de raison de la repousser pour les secours apportés aux personnes et de dispenser le passager riche de rémunérer le plus signalé service qui puisse lui être rendu. Seulement, cette considération achève de démontrer combien la prétention à une récompense est mal fondée, lorsque le secours est donné au navire par un autre navire appartenant aux mêmes propriétaires. La société qui a contracté avec les

passagers pour les transporter à une desti-
dation désignée, moyennant un prix conve-
nu, viendrait doubler ou tripler le prix, parce
qu'un accident étant survenu elle se serait
aidée elle-même? Autant vaudrait voir une
Compagnie de chemins de fer doubler ses
prix, parce qu'elle aurait envoyé d'autres
voitures ou une locomotive de renfort au
secours d'un train en détresse, et se dire
créancière de ses voyageurs en prétendant
qu'elle les aurait sauvés.

Ainsi j'ai parcouru rapidement le champ
des idées qu'éveille le mot de sauvetage, mot
qui appartient bien à la langue usuelle et à
la langue judiciaire, mais non pas à la langue
légale. Des plus sublimes élans de l'héroïsme
succédant aux plus féroces pratiques de la
barbarie, j'ai passé aux procédés de la spo-
liation et aux procédures de la cupidité. J'ai
montré combien la cupidité abuse souvent
du mot. Il devrait être réservé aux circonstances extraordinaires où il s'agit d'arracher
à la fureur des eléments des épaves ou des
victimes. On le prodigue à de simples faits
d'assistance et de secours.

J'ai dit, et je maintiens, que ni dans
la région des principes, ni dans le texte

d'aucune loi française, on ne trouve le droit du secours à une rémunération lucrative. Et cependant, observant philosophiquement ce que sont les hommes et n'espérant pas généraliser le dévouement, prenant en considération les intérêts de la navigation, regardant aussi par delà nos frontières, et craignant que la proclamation du désintéressement du secours ne fût à la fois imprudence et duperie, j'ai convié la jurisprudence à ne point nier ce droit à la récompense.

La jurisprudence appréciera les circonstances. Elle mesurera le temps employé, les dangers courus, la persévérance des efforts, et aussi la valeur des choses préservées. Elle devra être dominée par la pensée de l'utile plus encore que par celle de l'équité. Il ne faut pas que le plaideur qui a été secourable sorte de l'audience en se disant que, dans un cas pareil, il n'apporterait plus son secours. Sous cette préoccupation de l'exemple et de l'utile, la jurisprudence pourra être entraînée à exagérer un peu la récompense. Je ne le lui reprocherai pas. Mais je la supplie de ne pas oublier que toute modération de la récompense est un hommage à la propriété et un progrès de la civilisation ; que tout excès est un pas rétrograde et un retour vers la barbarie.

Tout ce qui précède était écrit, quand j'ai voulu lire le Code de commerce allemand, qui, sous les articles 742 à 756, contient un titre spécial « Du sauvetage et de l'assistance maritimes en cas de détresse ».

Le Code de commerce allemand a sur le nôtre, pour la partie maritime, le grand avantage d'être moderne et de s'être inspiré des besoins de la navigation moderne. Or ces besoins sont à peu près partout les mêmes ; le bon sens commercial et le sentiment de l'équité sont aussi à peu près les mêmes partout.

J'ai donc retrouvé avec plaisir, dans les dispositions précises du Code allemand, toutes les opinions dont je me permettais de recommander l'adoption à la jurisprudence française, dans le silence de la loi, tous les principes que j'exprimais le vœu de voir proclamer par une loi internationale.

Je signale notamment :

La distinction entre le *sauvetage* des choses

abandonnées par l'équipage et la simple rémunération du *secours* (article 742).

La nullité de la convention imposée au capitaine en détresse, au moment du danger (article 743).

La limite *du tiers* de la valeur, pour le droit de sauvetage (article 748).

La limite extrême du droit de secours, nécessairement inférieur au droit de sauvetage (article 749).

Le Code allemand va jusqu'à réglementer des difficultés d'ordre intérieur (articles 750 et 751), pour lesquelles la jurisprudence française est absolument sans règles, la répartition de la somme allouée entre les divers participants au secours, entre l'armateur, le capitaine et l'équipage.

Comme le législateur français est paresseux, et qu'il se passera vraisemblablement encore bien des années avant qu'une loi intervienne, la jurisprudence française trouvera, en attendant, dans le Code allemand, de précieuses indications, bien conformes aux opinions que j'ai soutenues.

Paris. — Imp. F. Pichon, 30, rue de l'Arbalète, et 24, rue Soufflot.

DU MÊME AUTEUR :

Questions de Droit maritime.

1re partie, 1 volume in-8........................ 5 fr.

I. L'emprunt à la grosse du capitaine. — II. Le fret. — III. L'abordage. — IV. L'avarie commune. — V. Les choses qui peuvent être assurées. — VI. La réticence et l'erreur. — VII. Le vice propre de la chose. — VIII. La double assurance.

2e partie, 1 volume in-8........................ 5 »

I. La baraterie du patron. — II. Les limites de la responsabilité personnelle. — III. La responsabilité des armateurs devant la juridiction administrative. — IV. L'abandon du navire aux créanciers après le naufrage. — V. L'absence des navigateurs disparus. — VI. Avarie commune : les règles d'York et d'Anvers. — VII. Le délaissement. — VIII. L'assurance du fret et du profit espéré.

3e partie (*sous presse*)........................ 5 »

Commentaire des Polices françaises d'assurances maritimes, 1 volume in-18........ 3 »

Les caisses de Prévoyance, 1 volume in-18... 3 »

Les Sociétés anonymes. — Examen de la loi du 24 juillet 1867, 1 volume in-18................ 3 »

Précis de l'assurance sur la vie, 1 volume in-18.. 2 »

De l'assurance par l'État, brochure........ 1 »

Essai sur les lois du Hasard, 1 vol. in-12.. 2 »

Théorie des annuités viagères et des assurances sur la vie (traduit de l'anglais de Francis Daily), 2 volumes in-8............. 10 »

Paris. — Impr. F. Pichon, 30, rue de l'Arbalète, & 24, rue Soufflot.

www.ingramcontent.com/pod-product-compliance
Ingram Content Group UK Ltd.
Pitfield, Milton Keynes, MK11 3LW, UK
UKHW021639090726
13657UKWH00004B/1654